자갈밭 위 하늘에 점을 찍다.

자갈밭 위 하늘에 점을 찍다.

시간 위에 조용히 남기는 마침표

박재학

차례

시간 속에 잠겼던 흔적을 길어 올리다

폐차	10
오래된 사진	12
반딧불	13
장독대	14
젊다는 것 쉽지 않네	16
감사	18
가을 하늘	20
타임머신	22
귀농	23
겨울 산	25
노포집에서	26
낙화	28
비양도	30
바닷가 나무 의자	32
비 오는 나무 밑에서	34
대성리 기차역	35
쪽지 시험	36
들꽃	38
봄	40

가파도	42
돌아가는 길	44
겨울 나무	46
버스 정거장	48
동백꽃	50
성곽길	52
숲	54
수술 전	56
자전거	58
만 개	60
허기진 바닷가	61
할미꽃	62
대나무	64
초승달	66
탄생	68
메주	70

서로의 마음에 온기를 아로새기다

게스트 하우스	72
비 오는 오후	74
만두와 친구	76
동네 마실	78
텃밭	80
접착제	82
엄마가 보고 싶다.	83
사랑한다 후회한다.	84
노을	86
친구의 고백	88
자신 없는 사랑	90
거미줄	92
풍경화	94
겨울 산촌	96
보름달	98
비빔밥	100
별똥	101
서두르지 말 것	102
이팝나무	104
고양이와 할머니	106
축사를 준비하는 이에게	108
아버지의 잔소리	110
아름다움이 변한다.	112
퇴원하는 날	114

꿈	116
손편지	118
겨울 꽃밭	120
자신도 모르는 인연	122
요양사의 약속	124

어둠이 걷힌 자리에 한 줌의 빛을 담아 나르다

박복한 예수	126
오후의 푸념	128
이브	130
하산	132
하산2	134
독서	136
늙은 갈매기	138
꿈의 해석	139
타버린 숲에서	140
노인의 꿈	142
지친 바다	144
희망	145
나는 내 안에 없다.	146
사우나	148
참견	150

치유	151
아침	152
벼락맞은 고사목	154
땅투기	156
산책	157
내 안의 피	158
질문	160
별난 세상	162
반대일세	164
대물방언	166
내 안에만 있는 나라	168
물고기의 꿈	170
눈길	172
황폐한 마음	174
Thanks	176

작가의 말	178

시간 속에 잠겼던
흔적을 길어 올리다

폐차

도살장으로 보내는 누렁이소 같은 중고차
폐차장문 넘어 걸어가는 차바퀴를 보면서
눈물이 무거워 고개를 들기 힘들었다.

어제는 손수 손세차 해주며
내부까지 닦아주며 꽃 단장을 마치고
등을 쓰담쓰담하고 잘 쉬라고 하면서도
술 한잔 주는 것을 잊고 보냈다.

이제 주위에 남은 오래된 물건은
돌아가신 아버지의 스위스 시계와 여분의 차키뿐

지난 겨울 무척 아프고 힘들었지
피 같은 부동액이 뚝뚝 떨어지고
냉각수를 다 토하기도 하고
심장박동 전기충격도 주었지만
바꿔줄 심장이 더 이상 생산되지 않아
너와 나 애쓰는 것 멈추어야 했다.

집안 우두머리 고양이보다도 늙은 반려자동차
부정 주차로 끌려가 비속에서 혼자 떨고 있던 모습
차안에서 아이가 토하는 중에도 부부싸움 하는 것도 보았던 것
늦을까 긴장하며 같이 뛰기도 한 것
네 살 아이가 오래 세워 둔 차를 보며
차가 울고 있다고 했던 표현
자신은 부서지면서도 나를 구해준 희생 모두 기억한다.

이름을 붙여주면 가족이 되고
무생물도 사랑을 아는 에너지가 있다는
우주 가설을 믿는다.

지나고 나서야 알게 된 행복을 같이 한 너에게
고생 많았고 지켜봐 주어 고마웠다.

그만, 마지막으로 잠깐 미등이 끔벅한 것을 보고 말았다.

오래된 사진

바닷가에 떨어뜨리고 회수 못한 불안했던 미래

지금은 없는 옆구리를 파고든 길고양이

덫니같이 튀는 어눌한 포즈
더 바래진 노을에 어울리는 사라진 브랜드의 청바지

자살한 친구가 빌려주었던 어깨

그리고
사진 위 반사되는
항상 화난 표정의
오늘의 찌든 자신이 보인다.

반딧불

어둠이 크다고 자신마저 어둡게 살지 말자.
부러졌다고 성장을 멈추지 않는 나무가 옆에 있다.

비록 문고리 하나 찾기 어려운 불빛이지만
포기할 생각이 전혀 없다.
적으니 부족하다고, 작으니 열등하다면
비교 악마의 속삭임이지
자신의 소리가 아니다.

귀중한 것은 도리어 작은 것이 많다.
접시 만한 보석원석보다 반짝이는 반지에 감동하더라
세상이 밝으면 보이는 것이 많지만
소중한 인연은 어두울 때 더 귀하더라

인간보다도 자의식이 강한 이 쪼끄만 반닛불은
지 맘대로 날면서 의젓함을 토한다.

장독대

담보다 높은 장독대에
헬멧 쓰고
사주 경계하는
항아리 오형제가 살고 있다.

집 나간 고양이로부터 동네소식을 듣고
눈과 비에 살을 비비면서
검은 피를 안고 살고 있다.

최근 재개발 일정이 확정되어
이 살던 터가 무너지겠지만
막내라도 아파트에 입양될 수 있으면…

심통 난 뚜껑이 열리는 소리로
대들지만
더 어둡고 두려운 마음을
인간은 알 리 없다.

바닥 틈 사이
말라죽은 꽃들과
보이지도 않는 별들만
끝까지 같이 할 것 같다.

젊다는 것 쉽지 않네

장마 감나무 아래
떨어진 푸른 미숙한 감은
섣부른 시절을 그린 초상화

혀 잘린 가수 되어
목이 쉬도록 지친
비속에 버스킹 하는 이가 부럽다.

이루지 못함보다
보여줄 기회가 없다는 것 앞에
왜 도전해보지 않냐는 매질은
아픔이 아니라 답답함이다.

생각없이 살도록 강요를 받는 것은
돌배게만큼 단단한 치아바타를
부수어 먹으면서 만족할 수 없는
또 다른 배고픔

몇시간 게임 속 초원을 달려가서라도
열정이 홧병이 되고
살기위한 객기가 낭비처럼 보여도
간절하기 때문에 어떡하든 움직인다.

사실 욕망의 상한선은 잘 모르지만
살아내는 하한선은 안다.

지금은
구첩밥상 관심도 없고 문닫을 예정의 노포집 백반을
다리 부러진 소반을 쥐고서라도 편하게 먹고 싶다

운동화 끈만 했던 꽃뱀이
유혈목이가 되면서

이제 아는 이의 뒷모습을 더 오래 쳐다보게 된다면
헛 산 것은 아닌 것 같다.

감사

도움을 준 이들은 물론
나를 위해 애써준 문명이기에도
늦더라도 고마움을 표하자.

정작 애정주지 않아도 무심하게 최선을 다해준 것들을

오늘도
로봇 청소기는
당신을 위하여
모든 더러운 것을 내가 끌어안겠습니다 라면서
뒤쫓아 다니고

세탁기는
마음의 때도 깨끗이 못해드려 죄송합니다 하며
마지막 시그널로 표현한다.

열일하는 밥솥은
제가 밥을 짓는 동안

주인님은 글 공부하세요 한다.

감사함은 캐내는 것
주위에 정말 감사할 대상이 널렸더라.

푸른 신호등조차 고마워하며
원시시대보다 불행한 사람이 아니었음을
도움 준 모든 것을 통해 긍정을 키운다.

가을 하늘

하얀 똥강아지 같은 구름이
앞마당 감나무 가지에 걸려
지붕위에 주저앉았다.

배고플까?
밥알 같은 들꽃과 계란꽃을
위로 먹으라고 던져 줘 본다.

때가 된 부뚜막에
솜사탕같이 부푼 연기가 가득
여유가 없어진다.

아쉽지만
감나무를 흔들어
혼자 놀라고 풀어주어야 했다.

좀 이따 만나자!
그러나 다시 만나지 못하였다.

타임머신

시간을 넘어선 나에게서 연락이 올 수 있기에
단종된 핸드폰을 버리지 않았다.

현재의 내게 미래의 나로부터
과거의 나로부터 지금의 나에게
올
통화에 버벅되지 않도록

그 사람은 조심해
거기는 가면 안돼….
그 주식을 사야 해.

백 끼를 먹어보아도
이 말을 대체할 수 없었다.

자신을 더 사랑하고 나서 행동하라고

귀농

구름은 자기가 태어났던 곳으로 가서 죽고
민들레 꽃줄기를 잘라 빨대로 삼으니
입안에 퍼지는 걱정 없던 시절의 기억

볼 빨간 석양이 차분해지면서
떠오르는
동시간대 장작으로 밥짓던 냄새
비싼 시계로도 살수 없는 시간의 냄새

외로워져야 귀해지는 것들이
깨진 돼지저금통처럼 쏟아진다.

이제
죄를 지어 완성하던 성공의 깃발을 뽑고
갈아엎은 밭에서 다시 고생이 시작되는
억지 희망의 계절에서
같이 농사를 지어 줄, 아니 감독할 미님이
새참을 가져다 줄때까지

잠시
복실한 두더지를 잡아
같이 놀며 게을러 진다.

겨울 산

솜털만 보이는 아기머리 같은 겨울산에서
얼어 죽지 말라고 보내준 눈이불을
나 또한 누워 덮어 본다.
얼마나 두껍게 덮어야 춥지 않을까?
그럼에도 누운 자리 아래
다람쥐와 구렁이가 같이 자고 있다.

기름 걷어낸 허연 곰탕처럼 담백하게
겨울을 노래하다 잠들 준비를 하고 있다.

눈에 젖은 수첩에
분노했던 모든 것의 가벼움을 세고 있는데
누운 안경 속 화면 가득
야생별들이 꽃을 피운다.

떠나온 것에 대한 두려움 대신
모든 감정의 기원을 찾아
다시 떠나고 싶어 진다.

노포집에서

마음이 허기질 때
잠긴 기도실 대신
노포집으로 갑니다.

세월에 구겨진 주전자와
굴곡진 탁자표면
새로운 것은 오직
교체한 정수기뿐

일년 후 오지 못할 단골과
십년후에도 올 새 손님 간의
계주 앞에
원로배우처럼 등장하는
국밥

밥 한술 더 뜨면
기뻐해 주셨던
외할머니의 따뜻한 잔소리 추억도

옆 빈자리에 앉아있다.

밥한술이 그렇게도
위대한 일이였을까?

바지 뒷주머니에 난로의 열을 쑤셔 놓고
녹은 손발은
세상 부대낄 자신이 있다.

배를 채우면
희망도 커진다.
마음은 더 관대해진다.

낙화

떨어지는 꽃들 아래
꽃무덤이 되어 버린 텐트
주머니에 움츠린 손으로
그 많은 꽃의 기억을 잡아 둘 수 없었다.

남은 꽃내음도 바람이 수거해가고
일년을 기다려야 다시 만날 수 있는데
눈치도 없이 게으름으로 웃옷만 챙겼다.

밤새 떨어지는 꽃 밑에서 꿈을 꾸었다.
그 꿈의 끝이 기억나지 않고
자리끼를 찾았는데
밤새 은하계 넘어 갔다 온 것은 분명히 안다.

게다가 포연같이 혼란한
내 안의 길을 가보지 않고는
세상과 더 친해지기가 어려울 것 같았다.

비는 싫지만 빗소리를 좋아하는 마음으로
진저리 나게 앉아있다 고꾸라져 보니
그동안
가래 끓는 욕망으로 스스로 불러드린 힘듦을
성장통으로 착각했었다.

누가 알까?
이 서툰 사랑으로 망친
과거의 시간을
꽃과의 조우를

비양도

무당벌레 이슬 먹듯
텐트들이 내려앉아
생각을 씻어
바람에 말리고 있는 빨래터

생의 나침반이 고장나
바람과 파도와 공룡 발자국에 의지하여
도착한 비양도
그저 욕심과 조바심을 넣어둔
지갑을 통으로 잃어버렸다.

불이 난 하늘과
죽이려는 바다사이 팽팽한 긴장감에
취해 모여드는 사람들과
이 전쟁을 보려 종군기자들이
수일을 챙겨 도착했다.

결국 하늘의 화재는 진압되면
검은 연막 속
바다 위 떠있는 하얀 불씨개들
젓가락으로 집어
쌈 위에 얹어 먹다 보면
자고 있는지 깨어 있는지
구분되지 않았다.

바닷가 나무 의자

더 이상 열매도 이파리도
만들지 못합니다.
구부러진 모습이 정상인데
반듯한 기형의 모습
겉옷은 다 뜯겨지고
핏줄 같은 나이테도 드러난 속살을
해도 어둠도 무안하게 쳐다봅니다.

왜 바다를 바라보며 있어야 하는지
노을에게 물어보면 대답 대신
정작 잃은 것 많은 나무의자에게
위로에 주린 사람들을 계속 보내줍니다.

사람들은 차마 고백하지 못한 말들을
남겨두고 다시 돌아갑니다.

이중에 어느 이는
외롭지 말라며 고맙다고
꽃을, 소라껍데기를 두고 떠납니다.

비오는 나무 밑에서

푸른 빛의 비린내와
빗물이라는 스킨로션에 촉촉한 나뭇잎
그 아래에는 피신한 벌레의 벅찬 숨소리
나뭇가지에 가려진
신선한 개찰구 앞
돌 틈에 끼인 젖은 종이는 승차권

지금처럼
귀한 것은 찾아 다니는 것이 아니라
서서 기다리는 것
소중한 것은 간직하기만해도 스스로 자란다.

버린 희망은 강바닥을 긁어 발견한 루비조각
흙탕물속에서도 힘이 있다.

걸음을 거부하는 풀그림자가
지겹도록 이기지도 못하면서
앞길을 막는다.

대성리 기차역

겨울 민대머리에서 푸른 머리카락 꽉 찬
산이 강에 반신욕하면 김이 올라오고
펼쳐진 들꽃들이 추억을 덮어 버린다.

과거 속 기차역보다 되려 더 젊어지고
전체 기억들은 무안하여 사라져 버리는데
얼떨결에 스쳤던
검다 못해 푸른 머리카락은 기억났다.

누군가와 같이 걷는 것이 신기해
옆에서 아니면 앞에서 걷는 것 고민하다
정신없이 도달한 강가

어설픔의 미안함으로
부서져가는 버려진 상점과
흐려지는 총명함 앞에서
그래도 이 역과 인연이 있었다는 것을
노을 햇살위에 방명록을 쓴다.

쪽지 시험

매일 하루를 주제로
탁상시계의 감독하에
시간의 신으로부터
쪽지 시험을 보다 잠들어 버렸다.

바빠서
취해서
마음이 억장 힘들어

무얼 썼는지 기억이 나지 않을 때가 대부분

그러다
넋잃고 노을을 보다
아차 하던 생활 위기 순간
묵은 책과 노트를 모아 묶을 때
망각이
자선을 베풀어 기억을 준다.

정답은 아니었지만
왜 힘겨웠는지
왜 부대꼈는지
느낌만은

지금도
수달 전 쪽지시험의 답안 마무리하지 못했다.

들꽃

보도블럭 사이 들꽃을 보고
못 참고 바보 같은 녀석이라고 외쳤습니다.

말똥에 깔려도 꽃은 피고
쓰레기통 옆에 누워서도 꽃은 핍니다.

그 차별 없는 무한하고 무지한 성실함에 화가 납니다.
알아주는 이 없어도
왜 이리 최선을 다하니?

확률이 낮은 것에는
갖은 이유로 게으른 자신 이기에
더 화가 납니다.

그동안

바라는 것 없이

목표도 버리고

그냥 열심히 살아 본다는 의미를

오랫동안

잊고 살았습니다.

봄

아직 졸린 바람이 어린 꽃망울을 깨우며
들려주는 얘기
공룡이 있던 함백산에 뿌리내린 조상 나무의 유언
어느 초라한 상황에도
꽃을 피우는 것으로
세상에 사랑을 더하거라

버려져 썩어진
그리움 많았던 강아지 무덤 위로
올라오는 붓꽃 줄기를
감싸는 안개가 말한다.
주인에 안겼던 따뜻한 기억
잊지 말고
의미가 있음을
이 봄에 보여주자고

옆에는 부러진 얼음조각이 따내려 간다.
겨울내내 새겨 놓은 외로움도 같이

사라진다 해도
아쉽지 않을 떠남으로
수만 리 떨어진 바다 속
사후 삶을 꿈꾼다.

떠나가는 것도 다가오는 것도
쌓이는 마음

가파도

갇힌 카페 대신
사벽없는 가파도를 택한다.

바람이 꺾지 못하는
청보리를 보면서
혼자서도 잘 노는 어른이 된
자신이 좋아지기 시작했다.
수수보리떡을 응시하는
섬고양이 옆에 앉자
시간을 그만 잃어 버렸다.

멀리 기어가는
늙은 자전거의
삐꺽이는 관절소리
식탐 없어도 입 벌려
바람을 배부르게
먹어본다.

잔액없는 카드 한 장으로도
나는 부자다 외치며
팔 가득 벌려 여백을 안아 본다.

돌아가는 길

바람이 손등을 핥고 도망간다.
뒤쫓을 남은 힘도 없어
콧등의 땀은 그냥 먹고 말았다.

그륵그륵 끌리는 발자국이 외롭지 않도록
미소 짓던 것들을 떠올리면
매번 아름다움의 기준도 변하는 것 같다.

망가진 거미줄 밤새 수리하고
자고 있는 거미처럼
재생하는 생의 의지를 위해 자러 가야지

부적응을 방화벽으로 삼아 세상을 가리고
변하지 않는 자들을 향해 증오하며
남의 과오를 찾아다니는 대화의 창에
금단현상으로 또 들어가 좌절했다.

고래와 어머니 단어만 들어가도 볼만한 글이 될 수 있겠지만
지금은 어리석음을 찾아 발견하는 글을 더 급해
집으로 가는 오르막을
지친 새구두가 함께 한다.

겨울 나무

꽃피우고
열매를 맺고
아파리도 키우는 것
이제 너무 지쳤다.
더는 못하겠고
제발 쉬면 안되겠나

뱀과 더불어 겨울잠을
갈치처럼 서서
자고 싶다고

무더운 날
모든 것을 지고
한 세대주로서 서있던 것은
그래도 젊어서 가능한 것
길어진 해가
많은 도움을 주었기에

이기적이어서 아니라
각박한 겨울을 견뎌낼
자신이 없어.

평생 붙어먹고 살려는 잎을 보며
너무 심하다고
바람이 내편이 되어 준다.

가을 단풍은 노화 말기 증상
제발 이젠 외롭게 해달라고
하늘에 빌었다.

리모델링하는 영화관처럼
내년에
기력을 회복하면
다시 만나기를
섭섭한 재개봉을
약속합니다.

버스 정거장

이제야 앉아
일어날 힘도 없어 버스를 그냥 보내고는
오장육부가 하는 얘기를 듣고 있다.

반창고 붙인, 피를 본 손가락이 하는 얘기
순간 저승사자를 보았다는 심장이 하는 얘기
아픈 거절 메시지를 기억하는 눈의 얘기
거짓말을 추려내는 귀의 얘기

열 내리기 위한 얼음주머니용 책을
옆구리에 꿰차고 보니
실상 더 태울 장작 없는 난로인 자신

매일
삼진아웃을 많이 당한 타자가
홈런도 많이 치더라
희망알고리즘을 돌리지만
살수록 더 난해한 물리학 문제가 부여되는 삶

슬픔이 변질되어 행복이 되어 주길

속을지라도 기대하는 내게

구름사이 달이 나타나서

동그란 찬성표를 던져준다.

동백꽃

바위 위 볼우물은
떨어진 동백꽃을 우려내
꽃차를 준비하고

낙엽 위 눌린 꽃부침개는
바람이
홀랑 뒤집어 먹는다.

왜 이리도 서둘러 나무는
지지 않은 동백꽃을
떠나보내야 하는지 이해에 답답하다.

그것도 한 장 한 장 하나씩 보내는 것이 아니라
통째로 뚝 떼어 버림받은 동백꽃

결국 성급한 이별이
아쉽고 후회가 될 텐데

그만
위를 보며 역정을 내고 말았다.

성곽길

물지게지고 올라오던
시절부터 있었다는
산동네 백여개 계단에
지쳐 앉으니
아랫집 개복숭아나무가 보인다.

타지인은 사진을 찍으러 올라오고
동네분은 살기위해 내려간다.

적산가옥 지붕의 카페에서의
커피 볶는 냄새와
옆집 생선 타는 냄새 하모니

말뚝박기하던 좁은 길에 아이들 대신
보이는 우아한 양산 든 젊은 커플

성벽아래
개화기전

백정과 때로는 문둥병환자가
외롭게 모여 살기도 했단다.

제대로 싸워본 적 없는 흉터없는 성벽의
장식 같은 총구멍들

다음엔
우리의 애들에 보여주면
애들은 애들의 애들에게 보여줄 것.

계단에 앉아
왔다 감을 미세먼지 하늘에
긁적긁적한다.

숲

미국 중부 산림에 사라진 인디언 종족
독일 검은 숲에는 맨발의 도망친 유태인

사람들은 언제나 쓰디쓴 과거를 잊으면 안되고
상처는 기억해야
죽을 날까지
마음은 형무소를 운영해야 한다고 합니다.

하지만 숲은
바위에 난 생채기 위에 이끼로 덧붙이고
소멸하는 들짐승을 안개로 보호하고
가지가 꺾인 나무를 덩굴로 안아 위로해 줍니다.

이 병원에 들어선 누구든지
숲은 안아주는 프로젝트를 수행합니다.

생명은 피해의식만 갖고 살아내는 것이
아니라며
햇빛이 없어도
방법을 찾아보자고
닫힌 마음을 두들깁니다.

수술 전

고통이 없던 시간에 무엇을 배웠을까?
속 빈 풍선같이 들떠 뿌리 없던 시절 넘어
예정된 길을 찾기 위해 누워있다.

똥꼬 발랄한 눈물과 슬픈 미소만큼
힘겨움 앞에 강한 것이 없다고들 한다.
예전 행운을 위하여 작은 행복을 소홀히 한 촐삭함과
삶을 지식으로 이겨내려 했던 무식함으로
그동안 강했던 것은 보여주기 위함이다.
혼자 있을 때 "왜"라는 과거만 생각했고
"어떻게"라는 미래를 생각을 못했다.
성숙은 경험속에 가질 수 있으니
힘든 가운데 서있는 모두는 희망 자체이다.
통증은 나누어 덜어줄 수 없기에 초점 풀린 눈이지만
이후 삶은 내 의지가 처방전
죽 한 술도 꼭꼭 씹어 보리
가지려 했던 것 보다 남아 있는 것이 귀하기에
더 자주 시계를 볼 것이며

이제는 남을 향해 아파할 수 있는 자격이 생겼으니
미덥지 않은 타인과도 같이 잘살아 보자
결과와 상관없이….
그리고….
ZZZ….

자전거

오늘도 떠나지 못하고
기다리는 길가 자전거

늙고 다쳐도
주저앉지 못하고
혼자서는 달릴 수 없는 자전거

벗겨진 안장에 새똥과 눈이 쌓이면
앞으로 나가지 못하는 나 또한
살아 있다는 것에 묶여왔다는 것

멈추어 보니
그동안의 목적지가
종착지가 아니었다는 것을
햇살아래 느낀다.

남은 시간이시여
우리를 버리지 말고

새 꿈을 꿀 수 있도록
무력한 진심 앞에서
도와주세요.

만 개

만 개의 별
만 개의 꽃
만개의 구름보면
시간은 투명인간이 되어가는 과정이라는 것

안으로
수만 번 어지러워
가슴에 백신을 꽂으며 뒤늦게 찾는 것은
허접하게 굴던
기쁨을 받은 양과 주었던 양의 차이
상처의 받음과 줌의 무게사이를
저울로 재던 시간으로 인해
잃어버렸던 사랑의 넉넉함

허기진 바닷가

끼니를 위하여
갈매기들은 바다가 아닌 배를 향해 모여든다.
해변 외로운 휴지통도
입을 벌리며 과자 봉다리라도 달라고 한다.

파도는 햇살을 잘게 부수어
물고기에게 금빛 양식으로 흩뿌린다.

누가 말 좀 붙여 주었으면
우쭐하고 싶은 마음을
받아줄 이 없는 바다에는
흙 빨아먹는 조개들만
소리를 낸다.
지친 외로움이
다 타고 남은 마음을 채우는데

평화가 세상을 승리하는 날이
바로 오늘이라 한다.

할미꽃

늙은 산봉우리에서 본 할미꽃
비녀 풀어 쳐진 은색 머리카락이
바람에 반짝이며
기억의 색깔을 내게 물어본다.

무채색 운무는 날개를 달고
바다너머 돌아 누운 섬들을 달래 가며
알 껍질 깨는 아기새의 노력을 모아
두려움을 설렘으로 환전하여
단서만 잔돈같이 건네고 간다.

변함없이 부서질 석고상 같은 감정에
손끝으로도 파고 파여서 만들어진 상처인
얼굴주름으로 답하기엔 아직도 멀었단다.

오염된 믿음도 포기하고
완벽한 절망에 죽이 되어 퍼져야 보이는 색깔

결국 모든 색이 겹칠 되어
달도 지운 검은 하늘색
지금은 아무것도 알 수 없는 색깔이 되어 버렸다.

대나무

대나무숲 사이 바람이
수많은 종이들을 비벼대며
반음 낮춘 음악을 작곡한다.

성장하는데 근육도 사치
빈 속살만 챙기고
늦게 오르기 시작했으니
서두를 수밖에 없었다.

높아지는 것만 바라보다 보니
열매도 의미가 없어.

언제나 결핍되고 굶주린 것은
해와의 거리

그래서 그 아래
과거의 자신은 어리석고
현재의 모습은 애틋하며

내일도 요행 없을 것 같은
평범한 우리에게 관심이 없다.

만약 현란한 꽃이 피는 순간 무너져
죽음을 퍼 나를 대나무는
세상에서 제일 여유가 없는 나무 같다.

초승달

어느 누구 쳐다보지 않는
홀로 초승달
방전된 조도로
돌아다니며 줍고 있는
갓 태어난 은하들의 울음소리

행여나 길 잃은 별들을
다가가 구해보아도
몇몇은 푸른 지구 빛에 속아
놓치고 말았다.

변변치 못한 벽지 긁은 자국 만하지만
그래도 밤새 부지런히 살아 내리라.

내일은
좀더 살찐 모습으로
모든 사랑스러운 무생명물들을
다시 만나길
약속한다.

탄생

태어난다는 것은
중고차 한 대 선물 받는 것

부모님이 사용하셨던 흔적과
국적 국가의 규정에 맞춘
생각한 시가와 경매가가 다른
중고차를 가지고 삶이 시작된다.

첫울음은 시동소리
길 없는 길을 더 많이 가야 하고
구르기도 기어 올라 가기도 한다.

자신의 기호와 관계없이
한번만 운영해보라고 맡겨진
차 한 대

다시 고치고 튜닝하든
녹슬고 방치하든 모두
스스로 책임져야 하는 운행

옆 차와 비교하여
감정도 생각도 흔들릴지라도
타인에게 양도 안되는
운전석

수십년을 달리면서도
한번도 완벽한 신차를
볼 수 없었다.

메주

할머니의 쿰쿰한 인생내음
닳고 닳은 매듭 끝 닮은 손가락으로
만지작 만지작 빚은 벽돌한장

마음도 같이 태워 익힌 콩 옆에
더 이상 할아버지는 보이지 않는다.

마당에는
메주 갈라지는 소리를 들으며
같이 자라는 오랜 벗 살구나무

이제부터
보이는 것에 의지하지 않고
시간을 깊이 믿어야 한다.

수년간 버리지 않은 이불 같은 냄새가
타인은 싫겠지만
내게는 씻기 싫은 위로의 때이다.

서로의 마음에 온기를
아로새기다

게스트 하우스

포스트잇으로 20년전 청춘과 현재의 청춘이
같이 지문을 남겼다.

한 장 한 장 들쳐 읽는 재미는
건빵에서 별사탕 발견하듯
소소한 맛

숱한 라면과 토스트에서 증발된
기름기가 겹칠된 눅눅한 종이에는
한결 같은 강이 흐르는데
그동안 나에게 미안했었다.
그리고 자신에게 집을 떠나 선물을 주려 한다.

청춘은 돌아오지 않는 강이 되고
흘러가겠지만
늘 강물은
견디어 내는 멍을 간직하기에
푸름이 계속 있다.

속으로 숨 넘어가게 울어 보았기에
스스로 위로 받아 힘이 되어 주는
경험을 가진 이들이

다들 모르는 사람들에게
무료 간식을 차려준다.

비 오는 오후

며칠 계속 비가 오면
멸종된 젤리 닮은 청개구리를
창문에 그려 놓고 싶다.

마루에는
다들 집에 있겠지
위로 받는 실직한 아버지가
발톱을 깎으시고
그 모습조차 싫은 어머니는
수제비를 끓이면서 보지도 않고
뒤처리 잘하라고 벼락 없는 천둥소리를 낸다.

다투고 헤어진 그녀에게
우산을 미리 주어야 했는데
후회가 커지다가 그만
그리움으로 변한다.

마당 빨랫줄이
동생의 우산에 댕겨 끊어지며
수년 된 화분이 살려고 균형을 잡는다.

가족 모두 특별한 일은 없는데도
이상하게 생각이 많아지는 비 오는 오후

만두와 친구

만두속을 보호하는
만두피를 들고
만두를 빚으면
학창시절 친구가 생각난다.

모두가 오해하고 몰아붙여
세상 혼자 두려움에 끌려갈 때
아니라며 선생님에게도 대들었던 유일한 친구
수년 전 암전이로 떠난 그 친구.

한번은 일터에서
동료를 팔면서 빠져나가려는 뺀질이를 보고
너는 만두피 같은 사람이 되어 본 적 있냐고
성대결절나도록 소리 지르는데
다들 삼백안의 눈을 끔뻑이던 황망함

턱이 길쭉한 친구 잊지 않게
만두 끝을 말지 않고 길게 붙인다.

명절 같은 친구야.
이나마 덜 비겁하게 살수 있게
힘이 되어준 것
고마웠다.

동네 마실

목련꽃 옆으로 눈발이 날리는 기묘한 날씨에도 다친 다리를 끌며 힘이 생기도록 가파른 마실 길을 선택한다. 옆에는 야쿠르트 전기 수레가 지나가는데 차기 문학상 작가가 등단한다면 야쿠르트 아줌마가 되실 것이라고 확신한다. 십오 년 동안 같은 동네, 고정 루트에서 목격한 모든 이의 개인 성장사를 알고 있어 그분은 도시전설보다 담벽화보다 두꺼운 빅데이터를 가지고 성대모사조차 가능하시다.

아줌마는 새댁이 된 위윗집 딸의 고백이 "결혼 전 좋아하는 것을 해주는데 감동받았지만 이제는 싫어하는 것을 안 해주는 것이 더 중요해"라고. 칡뿌리같이 씹을수록 맛깔나는 표현. 석 달 전에는, 골목길 창문 넘어 들리던 모르는 부부의 다툼 "당신의 짜증 한마디가 내게는 지옥 자체를 선사 받는 괴로움이 돼"라며 울먹이던 소리도 기억난다. 야단치다 아이의 뺨을 건드려 턱만 성장 멈춘 아이 손잡고 가는 젊은 아버지의 늘어진 뒷모습이 실개천 따라 부촌과 빈촌이 나누어진 도로를 내려가는 게 보인다.

경도인지장애있는 헌책방 주인에 신경도 쓰지 않고 책방 앞 의자에 철푸덕 아파 앉아 있는데 모든 사람의 삶은 교집합 80%와 개인만의 20% 더해진 내가 찾은 삶에 대한 공식의 답을, 죽음 냄새를 맡을 줄 아는 고양이가 보이는 지붕을 넘어 잿빛구름 지운 생얼 같은 하늘에 정답인가요 묻는다.

텃밭

돗자리크기 텃밭
만원지폐다발 같은 배추 여섯 포기를
아침마다 이자도 점호를 한다.

밤새 많은 일이 있었나?
작은 구멍사이 못생긴 적자 같은 벌레들이
미워진다.

잠깐 잊었다.
나누어 주려고
약도 안치고 키운 것을

낯선 타인은 미움이고
아는 지인에게 조건 없는
분화가 덜된 감정세포에 머쓱하다.

내일은
더 열린 마음으로
모두를 초대할 예정이다.

접착제

다시 태어날 수 있다면
접착제로 태어나고 싶습니다.

다시 이어주고
서로 댕겨주고 힘이 되어주고
다시 시작하도록

미련한 똥고집 때문에 보낸 아쉬운 인연에
다시 만남을,
견디지 못하고 찢겨 포기했던 꿈은
다시 품으라고

흔쾌히 자신을 버릴 가치가
후회보다 소중하기에

또다시 태어난대도
접착제로 태어나고 싶습니다.

엄마가 보고 싶다.

시린 가슴은
혼과 육을 돌아다니는 기생충

나는 괜찮으니 너나 신경 쓰거라
이 너무 잔인한 말을 끌어 내어
눈을 쪼개
고인 물이 쏟아진다.

그저 지친 손으로
철없던 기억을
손수건에 모으면
마음속 종탑이 무너지도록
육신도 비에 가두어 가라 앉는다.

엄마, 이제 서도
고아가 되었어요.

엄마도 그러했듯이

사랑한다 후회한다.

사랑한다고 고백을 받았다.
그때부터 당신은 내게 감정받이 노예가 되어야 했다.

내 모든 것을 사랑한다는 약속을 지키려면
내가 기준이 되고
항상 힘듦을 받아줄 준비가 되어야 그 증거이기에

그대는 나의 가시에 찔리더라도
내게는 이쑤시개라도 주어서는 안되었다.

그대가 내 앞에서 무력함에 예민해지는 것이
비전이 있는 사랑이라고 믿었다.
어릴 적 못 받았던 사랑마저 채워주어야 하는
늘 가까이 있어 소중하지 않은 그대를 향해
예의 없어진 사랑으로
요구가 느는 사랑으로
결국 지친 그대를 잃어버리고 말았다.

지나보니 사랑이라는 이유로
그대는 외롭고
무너진 산성 같은 좋은 사람이었다.

노을

노을 빛에 자라는 아기의 귓볼에
귀걸이 같은 무당벌레가 앉아서
아기 냄새를 먹고 있다.

달디단 이유식과 고운 아기 똥냄새

또 하나의 해가 잊혀 가며
두엄시간 우려내 자박해진 찜을
기억해내고 되돌아 가는 세 사람

산책 나온 전 가족이
한아름 얻은 따뜻함을
서로 쳐다보며
서로에게 건네준다.

**오늘 힘들었지만 행복했어
피곤하지만 미움은 없어**

아기는 이런 젊은 부부의 일기를
들으며 어떻게 자랄지 꿈을 꾼다.

그들의 길어지는 그림자가 자꾸
마음속을 간지럽힌다.

친구의 고백

바람도 피고 결국 밖에서 돌아가신 아버지
사업마다 금붕어도 속지 않을 사기에
주위에 자주 손 벌린다고 외톨이가 되신 분

어릴 때 아버지가 던진 국그릇을 잘못 맞아
평생 흉터가 남았는데
지옥 가셔도 지당한 아버지였는데
자기 아이가 속 모르고 떼쓰며 계속 울 때
더 생각이 나는 것은
바보여서 제정신이 아니라고 한다.

유난히 곶감을 좋아하셔
안방 서랍에 두고 몰래 빼 드시다가
자식에게 들킨 아버지의 겁먹은 표정
숨어서 드시지 말라고 궤짝 채 사드리고 싶어도
받을 분이 없다.
눈앞에서 종교 언급만 있어도
욕이란 욕으로 갈아버리는 사후세계에

미련 한줌도 없으셨지만
지금 삶의 고통 없는 정토에서도 화내실까?

살아보니 부모가 자식에게 주는 최악의 유산은 패배주의더라.
뭔가 해보려 할 때 막지 않으셨던
지원해줄 여력 없으니 네 힘으로 해보라고
그리고 결혼 준비부터 보셨던 끝날까지 아내에게
단 한마디도 부정적인 얘기한 적이 없으셨던
그 무심하고 무능한 방치가 고마웠다고

아는 사람에 눌리고 욕받이이셨던 아버지가
그립다며
술잔에 눈물 반, 술 반 섞어 마신다.

자신 없는 사랑

감정을 그림자 뒤에 두어도
숨기지 못함을 알면서
벌거벗음보다도 더 쑥스러움은
정직만큼 불안하게
만드는 것

자신도 믿지 못하는 불안정한 자아는
사랑하는 사람들에게
죄를 짓는 위험한 보은

손안에 날달걀 쥐듯
강하게 잡으면 부서지고
힘줄이면 떨어뜨리는
어느 표현한다 하더라도
망칠 것이라는 앞선 생각과

눈 쌓인 나뭇가지 당겨
다 쏟아질 듯
시도보다 더 무너진 왜곡

오늘도 진실로만 감당하려는
사랑 밖에 모르는
무승전패의 이 지휘관이
서툰 날갯짓으로 추락한다.

거미줄

미세 진동담은 작은 날숨 하나에도
왈칵 쏟아 울 것 같은
눈물 맺은 거미줄을 보면
외줄타는 불안한 연인들의 마음이
보이는 것 같다.

하루 시작을 안개로 시작하여
반투명한 마음 표적에
잡념을 주는 날벌레들이 붙어
생각을 오염 시킨다.

긴장된 사랑에 무지한
마실 나온 들짐승에 의해
끊어지는 인연이 되지 않았으면….

살얼음 딛는 걸음으로
무례하지 않는
젊은 연인들을 응원하는 여느 어른처럼
못 본 척 뒤돌아서 가고 말았다.

풍경화

밭에 계신 할머니를 그리는데
사람들이 인물화가 아니라 풍경화라고 합니다.
자연에 녹아 드신 풍경화

저희도 언젠가
할머니처럼
일부가 될 것 같습니다.

성숙하지 못한
극단적인 표현들이
자연스럽게 퇴화되고
사는 것에
이유도 없는 거부감 버려지면
자연과 합체가 될 것 같습니다.

우리 모두는
시간과 손을 잡고
부패가 아닌 발효되어
어쩌면 모두가 녹아 풀어질
각설탕인지도 모르겠습니다.

겨울 산촌

겨울 나눠 먹을 것이 없어
굶어 죽은 혼들의 한을 풀어주려
지겹도록 떡가루가
농사 마친 밭에 쌓인다.

멀리 세워 둔 조랭이 떡 닮은 눈사람과
바지를 붙잡는 하얀 거미떼
입 벌린 우물도 굶지 말라고 밥풀떼기를 먹이고 있다.

긴 밤에 김이 춤추는 떡국을 뜨면서
날이 따뜻하면 해먹을 나물무침과
추억 음식을 얘기한다.
온통 먹는 얘기와 같이 먹는 사람에 대한 얘기
살기 위해 먹던 끼니보다
같이 먹기 위한 끼니때문에 더 살고 싶어 진다.

결국
풀풀이 흩어져 혼자 살아가야 하는
사람들이 붙어 앉아
만들고 나눠 먹을 수밖에 없는 것은
돌아갈 길을 없애 버린 지겨운 눈 때문이다.

산촌에 불씨마저
한집으로 모여들어
근거 없는 상한 마음 얘기 대신
다음 끼니에는
어떤 식재료를 할지
수저를 뜨면서도 고민한다.

보름달

아이는
사탕같이 둥근 달달한 달이라 하지만
머뭇이며 움직이는 달은
하늘로 가신 아버지를 비추어주는 거울이었다.
토끼대신 이가 빠진 희미한 옆모습
나누지 못했던 말을 혼자 풀어 던지며
조금은 더 이해되는 당신의 억지

옆에 있는 구름을 티슈삼아 댕겨
씁쓸한 모습 쑥스러워 가리시려 하시네요.

뒤늦게 나타난 다섯 마리 새 같은
별이 된 친구분들이
같이 놀자며 눈을 깜빡인다.
아! 혼자가 아니셨군요.

그렇죠!
걱정은 지상에 있는 나의 것이죠

아버지!
다음 보름달에 또 뵙도록 하겠습니다.
그리고 또다시 떠나보내야 했다.

비빔밥

모든 인간은 어느 정도 독성을 지닌 나물이다.
삶거나 데쳐서 독을 녹이고 같이 할 수 있지만
너무 독해 멀리 해야 하고
특정 생명에게만 치명적이기도 한 나물
그런 나물 중 고사리를 삶아 잘라 놓다.

유기그릇 선택한 크기만큼만
감당하고 가질 수 있으며.
홀로 우아한 관계는 없고
서로 부대끼고 합하고
서로 묻혀야 완성되는 삶

모두를 이어주는 참기름과 고추장이란
귀인의 도움으로
만나는
비빔밥은 내가 소화해 내야 하는 세계였다.

별똥

우주라도 사람이 없는 곳이 싫어 온 추락천사
오로지 하늘에서 소원 들어줄 기다란 귀만 가지고 왔다.
하루살이 보다도 짧은 삶에도 서둘러 희망을 품어
생각한다.

밤알만큼 남아 땅속에 파고들어
싹튼 것이 바로 어린 왕자의 바오밥나무
세상 최초의 나무가 별똥이었다는 음모론이 있다.

사납고 거짓된 인간들이 많아도
뚫고 지구로 찾아오는 것은
정감 있는 반창고 같은 네가 있어서

타 죽어도 사랑하자는 간절함이
서대한 빈 공간보다 그리워서
하늘을 벤다.

서두르지 말 것

미안하다는 말을 할 용기가 준비되기 전에
화를 내지 말자.

이해해줄 기회를 주지도 않고
미워하는 관계를 시작하지 말자.

정의로 일어나야 된다면
훗날 잘못 알게 된 것 앞에
고백할 각오가 되어 있을 때
하자.

타인이 싫어질 때
먼저 열등감을 부족함을 위로받고자 한 것인지
한번 짚어보자.

교과서도 개정되는 세상
심성의 수정본을 만들 의지 없이
변화는 없겠지

버퍼없는 서두름으로
자폭 드론처럼 충동적으로 날아간 것
이제는 진물이 나게
지겹다.

이팝나무

1
하얀 면사포를 쓴 이팝나무가
가로등 옆에서 신랑을 기다린다.

밤새 만나지 못할 수도 있지만
취객들이 시비 걸어도
오직 구름사이 숨은 신랑인 달빛을
기다리며 서있다.

2
가까이 채권자 같은 과거가 따라오며
오늘도 심란하게 만드는데

저 멀리 골목입구에
돌아가신 아버지가
늘 그러하듯이 걱정되어 서 계신다.

너는 나의 또 하나의 심장이라며
병실에서 자신을 화받이로 쓰라고
구김 없이 산타를 믿는 소년 같은 표정으로

결국 삶을 힘들어 하신 것은 사랑 때문이었다.

잠시 무너진 기억을 다시 조립하느라
이팝나무 아래 계속 서있었다.

고양이와 할머니

고독사하신 할머니 옆에 기대어
움직이지 않는 고양이

바깥 공기 세는 창가 대신
힘든 냄새 이겨내느라
코끝은 부어 있다.

마지막 배웅이 그렇게도 하고 싶어
스스로 간택된 것이었나?

봉투속으로 들어 내리는데
등에서 꼬리가 하트 모양으로 휘어져 있다.
글로 표현 못하여 몸으로 그린 표현

빠지는 털 밑 미소 짓는 입가
떠나려는 할머니 혼이 쪼그리고 앉아
만져 주시기에 기분이 좋아진
그렁그렁한 얼굴

수백명 모인 마지막 식장에서도
싸늘함이 스치는데

얼어붙은 고양이때문에
따뜻한 공간에서
느끼는 것은

사랑은
말을 못해도
잘 할 수 있는 것 같다.

축사를 준비하는 이에게

세상이 아름답다고 말해주기보다
아름답지 않은 모습을 보더라도
그것이 전부가 아니라는 것을
말해주기를

지금이 좀더 나아지기 희망한다면
그림자만 쳐다보며 말하지 말고
정면을 보고 생각하자고

대양 위
바람으로 움직이는 범선에 노가 있듯이
다른 이들의 의견과 감정만 의지하고
항해하지 말 것을

오직 경험에 의지하지 않아도
타인의 진심과 시뮬레이션 앞에 게으르지 않음으로
나아질 수 있는 자신

과거는 미래의 예언서라 할지라도
오늘 스스로 예언의 흐름을 바꿀 수 있음을
더디다고 무시하지 말자고

아버지의 잔소리

언젠가
세상에서 제일 큰 창고는
눈썹과 눈썹사이라고
많은 것을 보고 담으라고 하셨다.

마지막 한달 전 고백하셨다.
한번도 삶이 자신 있던 적은 없었다고
앞에서 있는 척을 했을 뿐

순간 괜찮은 자식이라고 생각했던 적이 있었다고 하셨다.
남과 비교가 아닌
한달 전 자신과 비교하던 모습을 보았기 때문이라고

아무도 없을 땐
고목을 안아 보라고 하셨다.
위로해 줄 이 없다면
차라리 위로해 주는 나무가 되라고

지금
감정은 낙엽처럼 썩고
바위 같은 기억이 된
그분의 잔소리를
애들에게 똑같이 하고 있다.

아름다움이 변한다.

갓 태어났을 때, 아름다움은 엄마 자체이고 전부였다.
유모차에 누워있을 때,
모든 세상이 아름다워 눈 안에 담기 바빴다.
걷고 말하기 시작하니 아름답지 않은 것들도 있음을 알게 되고
서럽게 울기 시작했다.

혼자서도 움직이면서
아름다움은 내 안에 없는 것 같았고
첫사랑을 알게 되었을 때는 그 사람만 아름답고
나머지 모든 것이 추해 보였다.
핸드폰을 쥐고는 아름다움은 집안에 없어
낯선 나라, 낯선 거리 찾아다녔다.

그러다 생의 경쟁이 강해지면서 남보다 더 큰 열매가 아름답고
아름다움은 소유에 있다고 생각했다.
좀 살아왔다고 느꼈을 때는
하루에 한번도 아름다움을 모르는 분기도 많았다.

지금은 아름다움을 보고 다가가는 시간보다
왜 아름답다고 느껴지는 것인지 표면 뒤에 더 골몰한다.
결국 오래 간직하고 싶은 사람이 아름다움이라고
매듭을 묶으니
고개 쳐진 드라이플라워 해바라기 되어
더 새로운 것들 속에서 아름다움을 찾지 못한다.

퇴원하는 날

쫄깃쫄깃한 걱정이란 실로
겹겹이 묶은 밧줄 같은 반년

눈가의 주름은 증인이 되고
창문을 통해 그림자만 보이는
아지랑이는
힘든 시간의 꼬리 깃털.
날아간다. 떠나간다.

통증을 거둔
빈 마음습지에
시원섭섭이란 철새들이 내려앉는데
한점 의심없이 지지해준 이가
간절히 보고싶다.

세상이 아름답다 해도
내 앞에 없다면
더 비참하게 만드는 더러운 것

혼자서는 넘지 못했을
이 깔딱고개 지나 서서
감사함이 제일 찬란하다.

꿈

꿈을 꾸었다.
돌아가신 아버지께서
초인종도 안 누르시고 집에 들어 오시여
같이 밥 먹으러 외식하자고 하셨다.

무슨 뜻일까?
검색하니 흉몽도 있고 길몽도 있다고 해석하더라.

혼란스럽지만
십년만에 만난 분을 반가와 길몽이라고 확신한다.

즐겨 드셨던 국밥을 사드리는데
고아가 되어 굶주렸던
어린 시절 아버지에게 사드리는 것 같았다.
뿌듯한 눈물나는 아침이지만

한동안
눈을 감고 있으면 또 다시 나타나실까?
계속 누워있었다.

손편지

친구는
치매이셨던 어머니께서
아버지가 주신
첫 손편지를 지금도
가지고 계신 것이
기억 났다고 했다.

접은 모서리가 닳아
테이프를 가져다 달라고 하시고
덧붙이셨던 것을
본 적이 있기 때문이다.

허나 지금은
쓰던 분도 읽은 분도
집안에 아무도
계시지 않는다.

자식조차
금서인 손편지를
어떻게 해야 하나

결국
주머니 없는 옷을 입고 계신
앞섶에
몰래 넣어 드렸단다.

그 편지 내용은
아무도 모르겠지만
영원한 소유주는
누구인지
잘 알고 있었기 때문이었다.

겨울 꽃밭

폭설이 내리는 질척한 도로를 걷고 계신
형무소에 자식을 만나러 가시는 하얀 어머님
평생 농사 짓던 습관대로
추운 오늘도 마음속 꽃밭을 키우고 계신다.

꽃말 미쁜 꽃을 평생 심으시어
아직도 화장이 고우실
주름 많으셔도 새세포가 돋아난다.

모든 인간에게 신이 주신 달란트는
물질이 아니라 마음속 꽃밭 몇 평이었다.

지난달 모래폭풍이 지나간 꽃밭에
선인장과 가시꽃을 키우고 있었는데
옆에 지나가시는 그 하얀 할머니로부터
날아온 꽃씨

"그래도 희망"이라는 꽃말의 꽃씨가
허락도 없이 마음속 밭에 심겼다.
어쩔 수 없이 잘 키울 작정이다.

말없이
마음속 꽃밭으로도
소통이 되었던 겨울 어느 하루

자신도 모르는 인연

난민이던 고양이 한가족이
내가 살던 다세대 주택 지하에
버섯처럼 둥지를 틀었었다.

두 마리의 새끼고양이와 함께
앞 두발에 흰색 양말을 신은 고양이와 삼색고양이

독서실에서 자정 넘게 돌아오던 날
차가 끊긴 집 앞 도로를
왕국삼아
월광욕을 하며, 구름그림자를 밟으며
뛰다 앉다 놀고 있던 것을
발소리 죽이며 지켜보았다.

그들 몰래 물과 생선 부스러기, 수건을
조심스럽게 넣어 주었는데
고맙다는 인사도 어색해
갑자기 사라져 버렸다.

며칠 후,
옆집 할머니께서 어미 고양이가 차에 치어 죽고
두 새끼 고양이는 달아나 버렸다고 전해주었다.

그리고 두 해 지나 달이 있던 저녁
1층 현관에 울고 있는 고양이 소리에
문을 열자 달아나는데
그만 앞발에 하얀 양말을 보고 말았다.

그날 이후 매일 집 앞에서 서성이는 버릇이 생겼지만
더 이상 만나지 못하였다.

별의 수만큼
자신도 알지 못하는 인연의 하나이겠지만
잊고 싶지 않아
달에다 상처를 내어 보관한다.

요양사의 약속

머리가 벗겨지고 염색하는
자식과 통화하면서도
학예회 사진을 버리지 않는 어머님
자기 생일일자는 잊어버리고
자식관련 특정 일자를 기억하시는데
자녀의 무관심보다
극성 맞았던 젊은 학부모의 열정이
없어져 구슬프다 하신다.

맏이에게 준다고 쵸코바를
반년 넘게 조물락 하시는데
더럽다고 바라만 보기보다
그냥 그대로 받아 주기를 기도한다.

어머님
마지막 여행을 위한
꽃신이 구겨지지 않도록
편안하게 사진도 잘 보관해 드리겠습니다.

어둠이 걷힌 자리에
한 줌의 빛을 담아 나르다

박복한 예수

깡촌에서 태어난 하류인생이라고
미혼모의 자식이라며
식민지에서 태어나서
주눅들어야 했다.

다섯이 넘는 동생과
일찍 죽은 요셉을 대신하여
소년 가장이 되어 서른 될 때까지
가난에 손에서 대패와 망치를 내려 놓은 수 없었다.

흙수저이며 예정된 죽음을 알고 있는 시한부인생

천명 이상에게 먹을 것을 줄 때는 슈퍼스타
허나 지역중심 선동을 거부하고
대중의 왕따가 되었다.

은 30냥에 인신매매당하고
도움을 준 이들에게 모르쇠 당하고

마지막 재산 겉옷도 빼겼다.

몇 번을 쓰러질 정도로 집단폭행을 당해야 했고
결국 억울함과 위증, 그릇된 판결로 사형언도 받았다.

2천년 이상
사람들은 예수님에게 당신은 나의 고통을 알지 못한다며
이해 못하면서 거짓 위로하지 말라고 대들었다.

하지만
그가 직접 겪은 고통으로
추상적이지 않는 공감으로
힘든 자들을 사랑할 자격을 가지게 되셨다.

오후의 푸념

영혼은 땅 아래 가라앉고
푸석한 육신만 지상에 떠다닌다.
꽃씨 주머니 같은 뒷담화가 터지는
어느 저녁
허기도 사치이다.

병명 없는 아픔을 느끼며
고장인 신호등 앞에 서있는데
약한 의지로
왜 앞으로 나가지 못하냐는
어깃장 얘기들을 들었다.

잘 적응하는 도시 텃새를 보며
차마 부럽기도 한다.

어디 산소통이라도 매고 미칠 듯이
달려갈 곳이 없을까?

실상 울음은 비겁함이라
숨기면
잘했다고 칭찬받아 더 억울하다.

허나 속상한 속살을 보니 힘들었던 이유가
지구가 쪼개질 정도는 아니었다.

이브

깔때기 끝 구멍으로 본다면
최초의 여자만 보이겠지만
그녀는
모유먹인 최초의 어머니
최초의 할머니
처음 죽음을 겪은 여성

사과를 든 나체는 살의 찰나
낙원밖에서의 삶을 더 기억한다.

자식을 잃은 어머니
가해자이며 피해자의 어머니

때로는 그녀 때문에 저주가 시작되었다는
수억의 비난 앞에서도
꿋꿋하게 남은 아이를 키워 냈다.

전쟁터에서의 어머니
난민촌에서의 어머니
그들의 단호한 눈빛을 보면
이브가 조상이 맞다.

하산

하지 않는 것도 용기라며 나가지 말라고 했었다.

바람에 새 둥지 모두 깨지고 모자도 혼자 살겠다고 도망가고
꺾인 나뭇가지가 창이 되어 다가왔다.

결국 계곡물이 불어 길이 없어졌다.
꽃이 피더라도 364일 얼어붙은 날로 기억하고
염세적 음모론을 만들어 살더니
벌을 받는구나.

죽지 못해 산다고 하였더니 길이 없어졌다.
예측이 안된 공포 앞에 논리와 고집도 사치
오직 살아 내려가려는 현실의 쫄깃함에 집중한다.

어쩌면
단지 살아내 보자는 이 단순한 감정을
그다지도 찾고 싶었는지 모르겠다.

스스로 찾아간 힘겨움
많이 생각하며 살고 싶지 않아서였다.

하산2

안개가 어깨를 누르고
나무도 뱉아내는 입김속에도
길을 찾았다.

거꾸로 가지 않는 시계침처럼
뒤돌아 갈 수 없다.

오늘도 과거가 되고
천년바위는 변함없이 순종한다.

갈림길 선택하고 두어 시간 걸어도
다시 갈림길로 돌아와서
어디가 옳은 길인가를 반복

가치 없는 성실의 근원

관성적인 삶으로

온 산을 불지르듯 헤맨 길

오늘도 반복했네.

독서

나비 날개에 베어진 햇살을
펼쳐 있던 책 안에 잡아 두고
몇 년 후 그 햇살을 확인해 본다.

전에 보이지 않던 지도가 보이기 시작하는데
체험만큼 영토를 넓혀 보니
자신을 제일 미워한 것은 악마가 아니라 자신이었다.

지식을 모든 불행과 고통은 탓이라는
생각을 위한 증거수집으로
이용하였었지만

차라리 사막에 홀로 버려져 두려움 속에
초식동물이 됨을 추천한다.

같은 솥으로 새 밥을 지어주는 책을 보면서
지금은 뒷다리 나온 올챙이가 된다.

늙은 갈매기

내 꿈은 가장 기쁘게 죽는 것
마지막으로 생에 제일 높이 올라
날갯짓 끊겨
바다 위 하얀 파도거품과 같이 하는 것
삶에 대한 이해가 극에 다 달았을 때
생의 마감이
버켓리스트 마지막 문장

시간이 갈수록
겉보다 안으로 더 울어야 한다는 것이 준비였고
실패가 때로는 더 좋은 의미였으며
누구에게나 종료 전 역전골 같은 일이
있다는 것도 알게 되었다

이를 잘 아는 늙은 어부는
땅거미 걸음보다 앞서
집 앞 가로등을 키웁니다.

꿈의 해석

어두워지는 고개를 넘어
큰 물가로 도착하는데

멀리서 예수님이
불을 지피면서

어부들에게 물고기 그만 잡고
와서 같이 구워 먹자고
손짓을 하는 뒷모습을 보았다.

제일 나이 많은 어부가 젖어가며 뛰고
나머지 사람들은
울면서 모여 들었다.

자기 직전에 읽은 책의 내용 그대로
꿈꾼 것

의식이 무의식을 지배하는 순간이었다.

타버린 숲에서

타버린 숲에 별 같은 싹
검은 도토리마저 찾고 있는 청솔모

아프다고 멈추지 않고
남은 희망 긁어모아
다시 오픈하는 생명가게는
상처는 거름으로
더 찰지게 시작해야지

생명의 모든 지혜를 모아서
경쟁의식조차 사치인
어쩌다 있는 초라한 생명 하나는
노아의 자녀

급똥이라도 배려해준다면
그 안에 한 알의 씨도
책임지고 발아해줄 테니
철새들이여 제발 오시게

빈부격차 사라진 땅에서
시행착오는 불행이 아니고
적응력임을 북돋는 검은 소나기

위로하는 약탕을 짜서 아픈 대지에 먹인다.

노인의 꿈

시간을 초월하여 아메리카에 갈 수 있다면
늙은 인디안 추장을 만나
바람이 많은 노을을 같이 하고 싶다.

얼굴주름은 지혜의 강이 흐르는 협곡
머리에 꽂은 독수리 깃털은
영혼의 주파수를 잡는 안테나

흐려진 눈동자엔 상실을 넘어서 초월
내가 마지막까지 짓고 있는 죄는
욕심을 놓지 못해 자신의 가치를 모른다는 것이라고 한다.

바람이 말해주는 날씨예보
청진기 같이 땅에 귀를 박고 듣는 지구의 심박수

사라진 생명의 영이 녹아 스며든
구름과 강물과 함께 노래를 하는데

정작 타인의 삶을 훔쳐보느라
신발장 하나 정리할 시간 없는 우리에게
허락되지 않는다.

진화하고 레벨업되는 악에 대한 이해가 부족해지더라도
언젠가 인디안 추장 닮은 얼굴의 노인이 되고 싶다.

지친 바다

바닷가라는 거대한 모래시계에 갇혀
앉기도 힘들어
모두 다 내려놓고 누워 버렸다.

온돌 같은 등바닥에 조명을 끄지 못해
잠마저 포기했다.

삶은 유한하지. 그래서 귀한 것이다
무한하다면 더 막 살았을 거야
사랑하는 사람의 이름은 등대

패배나 좌절은 밥이며 국이 되어
믿어야 하는 것조차 믿지 않는
비틀려 자라버린 자아 앞

해병대 외침 같은 파도는
내가 누운 땅마저 뺏으려고 하지만
지친 내게 계속 지고 있다.

희망

희망은 마음 화분에 담겨있어
키워야 하는 것
애정이 줄면 시들어 죽을 수도 있다.

희망은 거저 그냥 주어지는 것이 아니기에
자주 의식해야 하는 것

바람결에 날아올라가는 것 중에는
새도 아닌 손수건이 될 수 있기에
희망을 착각하지 않도록 주의 깊게 지켜봐야 한다.

아직도 희망이 자생적으로 자라는 것을
발견하지 못했다.

나는 내 안에 없다.

만지고 보이고 숨을 내뱉은
시공에
나를 묻히며
내 몸에서 계속 내가 빠져나간다.

손끝에서 체온을 찾지 마라.
서로 맞잡은 손에 넘어갔다.

지각하였던 여행 티켓
못질하던 망치에
설탕처럼 끈적하게 녹여 들어갔다는 것

아침의 자신조차
축축한 커피찌꺼기
작아진 비누조각에 들어 있다.

만나고 만지는 기억되어주는
공간과 사물 그리고 사람속에 남아있고
정작 내 안에 내가 없다.

사우나

태어날 때 날 몸 그대로 모습으로
문을 열고 들어와서는
가진 것 없는 모습 그대로
떠나야 한다.

열탕처럼
선동당하고
냉탕처럼
냉소적이 되거나
지친 표정으로
무관심하게
뜨듯 미지근한 탕으로

성직자 같은 세신사님의
도움을 받아
세상 때를 벗기거나
스스로의 노력으로
벗겨내야 했다.

발가락사이 구석구석
자신만 아는 때를 찾아 내고

세례 받듯 온몸에
물을 부어주고

마지막으로
떠날 준비를 한다.

무교도인조차
이런 종교적 의식을 치룬다.

참견

맑은 밤하늘이 내민 청구서엔
별만 보고 걷지 말고
그림자도 보며 걸으라고
별만 쫓다 넘어 질 수 있다고 써 있다.

마음이 어두워지면
잡히는 모든 것이 무기로 변할 수 있기에
가슴 속에 항상 불을 가지고 다니라고 한다.

사람에게 향한
보여줄 모든 매체를 걷어 냈더니
좀더 잘 살아보라고
듣기 좋은 잔소리가 더 잘 들립니다.

자연이 말을 건네줍니다.
자연이 요구합니다.
자연이 자기만의 지혜를 주려 합니다.

치유

산에 올라 갈 때 두개의 봉투를 꼭 챙긴다.

하나는 가서 버릴 봉투
또 하나는 다시 가져올 봉투

부패하여 터질 것 같은 상한 감정을 담은 봉투는
분리 배출 장소가 산이기 때문에

아직 아쉽지만 피해의식이란 돌덩이는
무거워 가져오지는 못했다.

남은 봉투에는
다 익은 빨간 노을을 따서 쑤셔 넣는다.
영양분도 풍부하니 한달은 섭취할 수 있을 것이다.

다음에는 반드시 남은 돌덩이도 가져와
산에 굴려 버려야지

아침

깨자마자
오늘이 국왕처럼 자기를 섬기라고 한다.

오늘을 맞이할 준비를 하라고
모든 감정에 부딪칠 준비를
만날 사람을 마음속에서 구형하기전 들을 준비도
이유 없이 싫어하는 것과의 전쟁도 대비하라고

정교하지 않는 것이 삶이기에
굳이 고칠 기회를 포기할 필요 없듯
엇나간 단추를 다시 끼우고 있다.

쉬운 게 어디 있으랴
사자도 굶는 세상에서
무기없이 거울 앞에 있는 나

미흡한 생존 지식만 있을 뿐
감자 싹은 도려낼 줄 알고
코끼리가 산으로 가면 쓰나미가 올 것이라는 것 등

어제보다 기꺾인 자신에
여러 미소에 생각을 담아
거울에서 피드백을 받는다.

벼락맞은 고사목

하늘을 향해 이슬만큼도 악의 없었는데
이유도 모르고 천벌을 받아야 했다.
단하나의 과욕은
하늘을 더 가까이 사랑하고픈 죄 밖에

산중턱 요양병원에서
악의 없이 죽어가는 환우는
메마른 얼굴로 이유를 찾지만
우연 외에는 모르겠어

덩굴이 파도같이
견딜 여유 없는 이들에게
더하여 찾아오는 불행 앞에서

고민한다.
아름다움을 찾아 다니기에
이해가 어려운 세상이 더 많이 보인다고

불공평한 삶도
우리 자신의 삶이 되고

운수 풀린 행복한 인생도
연속 없는 우리의 삶

잘되고 열심히 산 것
그 결과 또한
우연이 아닐까?

땅투기

지치더라도 사랑하는 마음을 놓치지 않기로 했다.
아니면 더 황폐하여 질 것 같아.
힘들어도 손을 내미는 것을 주저하면
너무 초라한 내일을 비축하는 것 같았다.

오늘도 조금씩 사고 싶은 땅을 알아보고
도망갈 수 있는 성지를 사두려 틈틈이 검색한다.
숨막혀도 떠 먹을 우물이 있고
마음 양식이 떨어져도 추수해 보관해둔 창고가 있고
사람들이 많이 다니는 도로에서
멀리 떨어져 있는 곳이어야 한다.

치자꽃 향기와 블루베리 열매 내음을
눈감고 그려본다.
바늘만큼 뚫려도 터지지 않은 혈관이 있기에
오늘도
미세한 돌파구가 되는
땅투기를 멈출 수 없었다.

산책

강아지야
계속 창가에 앉아 있지 말고
줄 찾아오면 같이 나가자.

길 위를 뛰어가도
달아난 어제를 다시 가져올 수는 없어

나무 밑 영혼의 잔불도 보고
헛헛하게 돌고 들어오는데
같이 딸려 오는 것은
오해했던 것들에 대한 아쉬움

결국
오늘도 산책 후 잠을 설치게 될 것 같다.

내 안의 피

나의 피 색깔이
동백 꽃잎처럼 고우다면
머리속에 흘러드려
더 아름다운 생각을
만들지 않을까?

종종 독 오른
진득한 검은 피가
쥐가 나게 하면
옆의 가족에게도 예의 없는
생존의 두려움이 악인으로 만들고
흙탕물 같은 순환에 지배당한다.

잘 걸러지지 않은
술지게미 닮은 혈전은
휴화산 같이 축적된다.

지금 세상 제일 부러운 것은
금관도 시상식도 아닌
고운 피가 만들어 내는
착한 심성이다.

오늘도 내 더러운 피에 지는 루저
왜 지혜는 후회에서부터 나오는지
화가 난다.

질문

창조주가 언급하신
눈물 총량의 법칙

젊은 때 몰아 울고 나이 들어 더 웃을래?
늙어 더 많이 울어도 젊어 더 웃을래?

물론 저야
젊어서도 늙어도 한결같이 웃고 싶다고 하지만
예외는 없어 단번에 거절당했다.

혹시 부작용으로는 무엇이 있는지 되물어 보았다.
젊어서 계속 울다 보니 습관이 되어
훗날 기뻐도 웃지 못하기도 하고
젊어 계속 웃기만 하더니
자신만 아는 어른이
되기도 한다는 것

그냥
자신의 의지대로 되지 않은 삶들을 보았기에
알아서 하시라고
답변을 드렸다.

별난 세상

가본적도 없는 국가의 내전에
괴로워 몰입하는 동안
자신의 무관심에 부상당한
가족의 숨은 눈물과
인색한 인사에 상처 난
청소부가 보이지 않았다.

늘 본인 마음은 쓰레기장 같은 이상주의자
정신승리란 끈 달린 화려한 포장박스 안에
담긴 괴물에 먹이를 주다가
말로 글로 스스로 잡혀 먹힌다.
압살롬의 머릿결처럼

사랑이 없는 천국도 존재할 수 있지 않을까 연구하며
인성 잃은 정의가 세상을 지배하는 유토피아도 꿈꾸고
때로는 공의의 이름을 앞세워 이기심을 정당화했다.

결국 난해하다는 것은 자신감이 없다는 얘기

그럼에도 별종인 고지식한 아픈 시인이 있어
단순한 사랑이 귀하다는 생각때문에
정의구현 대중재판 통하여
사회부적응자라는
판결을 받는다.

반대일세

여보게!
뭉뚝한 정
한번의 가격에
산산이 부서지는 강화유리 같은 심성으로
사랑은 무리
무너지는 것이 너무 많더이다.

지겹도록
무의미한 폭식이
마음이 허기져서 라면 그 또한 거부일세
대신 "나만 왜"란 말을 좀 줄여 보게.

임자!
빈 잔에 해골물도 상관없이
채워달라 마시고는
잊고 어지러운 것이 해결이라는 말도 반대일세
없어지기는 도려 빈 구멍이 더 커져 있더이다.

스스로 생각하길 버려
타인이 자기 생각을 지배하게 두는 것 심히 반대일세.
도움이 필요할 때
그 타인은 나를 본 적 없다 하더이다.

대물방언

사람없는 천국에서
다시 집값오른 북적한 지옥으로 이사해야
위로받는
불안에 버려진 바닷가 돌담집

하나하나 돌을 쌓고 땀을 닦은 기억은
새로 오픈한 맛집을 찾아다니다
분실한 신분증처럼
어디 있는지도 모르겠다.

바다 위
보라색 옅은 쌍무지개도
처음보는 유럽풍 색색 디저트에
외로워져 아래로 처진 미소 지으며
사라져 간 것을 알기는 할까?

삶은 자랑하기위해 주어진 기회
관계는 비교하기위해 주어진 집착이라도

소년시대부터 변함없이
가지고 싶은 것은
새와 꽃과 얘기할 수 있는 대물방언

이를 위해
다시 돌아가
창문밖으로
먼지가 나도록 부러움도 관계도
기꺼이 버리려 한다.

내 안에만 있는 나라

잘린 손가락 대신
남은 손가락이
더 힘내 만들어낸 나라
내 안에만 있는 나라

잃어버린 것은 잊고
남은 재료로
더 맛있게 요리한 나라
내 안에만 있는 나라

식민지가 된 후
목숨도 흔쾌히 던지고 싸우고 싶은
망명정부가 말한 그런 뜨거운 나라

순응이라는 깃발아래 모인
착함과 패배주의가 한 몸이 된 어두운 거리에서
가해자 모두 자신이 선이고 정의라고 말하는 거리에서도
살아남은 가로수처럼

탐나는 구슬을 입에 물고 말 못하는 나를
바보라고 놀려도

내 안에만 있는 나라는
퇴보 없이 성장하고 있다.
당신들은 모르겠지만

물고기의 꿈

호기심 가득한 물고기가 있어
어려운 꿈을 꾸었다.

섬을 건너가는 나비와 사랑에 빠진 것.
울어도 흔적없는 물속에서

같이 날고 싶다.
수면 위 하늘도 굴곡없이 보고 싶다.
이 거대한 감옥에 벗어나야 해

<u>스스로</u> 그물로 헤엄쳐서
꿈을 위해 죽음과 바꿨다.

이를 기억하는 대장장이는
꼬두람이
처마끝 풍경에 올려 꿈을 이루어 주었다.

바람은
물고기의 외마디 감탄소리가 좋은지
자꾸 놀린다.

눈길

예전 멋모르고 오른 길
다시 기억을 잃고 눈맞으며
구름속을 걸어 간다.

기척도 없는 곳
발 밑에 아프다고 우는 눈은 생명체
외로움을 더 구하려 왔던 이들의 날숨은
뒤따르는 자에게 들숨이 되어 안내하고

열쇠를 잃어버린
마음을 열기 위해서
슬퍼할 여유도 없이
고통을 차곡차곡 모아야 했다.

눈이 없앤 길 위로 사통팔달 열린 길
다만 재봉선같이 흐르는 냇물은
들짐승을 위한 국경선이다.

푸른 저녁이 멈추고
어둠에 의지하여
고치 같은 침낭에 기어드니
내일아침 나비가 될 것이다.

타닥타닥 물 끓이는 장작소리에
호기심으로 나무사이
여우별들이 감았던 눈을 뜬다.
퇴화된 전설조차
낯선 문명이 되고
불편함을 그런 저런 안고 잠이 든다.

황폐한 마음

마음은 찢어진 가죽지갑
바빠질수록
모아온 사금 같은 기억과
유산으로 받은 따뜻함도
계속 흘리며 비워버렸다.

무해한 작은 변화에도
흔들린 감동은 어디로
하루에 수십 번 반복해서 듣던
노래도 어디로 갔을까?

변한 나를 미워하더라도
영원히 각박할 것이라
단정하지 않아 주기를
두손으로 하늘에 설득한다.

그럼에도
처음 본 야생화의 이름을

알고 싶어 했는지
풀린 신발끈 묶어주려
근질근질한 적 있는지
물어보는데
그동안
살기위해서는 감정은 약점

이제
멈추어 주저앉아
사랑을 받고 싶은데
준 사랑 없는
빈 마음 구석에서
만나는 진한 가난

Thanks

남아 있는 시간동안
고맙다는 말을
한라산보다 높게 쌓아야지!

어리석은 어제와 헤어질 결심으로
얼음 섞인 계곡물에
눈곱을 떼었다.

아직도
저주가 섞인 더러운 말이
입 속 사이사이에 남아 있어
약으로 생수로
거품내 떼어 냈다.

그런다고
털 깎은 얼룩말이
백마가 되겠냐고 놀리지만

계속하고 싶은 것은
내게 베푼 작은 선들의 기억 때문에
어쩔 수 없다.

더하여
미워하기에는
지겹도록 여백이 남는
남은 시간을
고맙다는 말 외에는
메꿀 방법도 잘 모르겠다.

작가의 말

상심과 아픔이 심했던 시간을 지나 초라함만 남은 저는, 시인을 '넝마 줍는 거지'라고 생각했습니다. 해가 저물어도 산과 바다, 길 위를 헤매며 잊혀지고 버려진 기억과 감정의 조각들을 긴 집게로 주워 모았습니다. 처음엔 그저 쓰레기인 줄 알았던 그것들을 한 장씩, 한 점씩 펴서 깨끗이 씻어보니, 비록 값비싸지는 않아도 그 어떤 가식도 없는 '진품'임을 발견할 수 있었습니다. 그래서 그것들의 목록을 만들어 보았습니다.

화려한 장식이나 기교는 부족합니다. 근거 없는 행복과 기쁨, 막연한 설움은 간지럽기만 하고 꾸며낼 실력도 없어 못 씁니다. 인류의 위대한 유산이나 새로운 지식을 논하기에는 제 글이 너무 소박하고 누추하게 느껴져 언급할 엄두조차 내지 못했습니다. 하지만 이 누추한 글들을 정리하며, 오히려 낮아진 마음으로 가까이에 있는 것들을 사랑할 힘을 얻게 되어 참 좋았습니다.

물론 이 부서진 시간의 조각들을 저라는 노마드가 추릴 수가 있었던 것은, 창조주께서 허락해주셨기 때문입니다. 서둘러 감사드립니다.

그리고 소박한 희망을 하나 공유해보려 합니다. 부디 독자 여러분께서도 자신의 기억과 이 시를 연결하고 공감하며, 이 책의 빈 여백에 자신만의 이야기와 그림을 더해 우리 모두의 이야기로 완성해 주시길 부탁드립니다.

자갈밭 위 하늘에 점을 찍다.
시간 위에 조용히 남기는 마침표

발행일 2025년 7월 23일

지은이 박재학
펴낸이 마형민
기획 김현우
편집 곽하늘 이은주 김현우
디자인 김안석 표진아
펴낸곳 주식회사 페스트북
홈페이지 festbook.co.kr
편집부 경기도 안양시 동안구 관악대로 488

ⓒ 박재학 2025

ISBN 979-11-6929-847-6 03810
값 15,000원

* 이 책은 저작권법에 의해 보호를 받는 저작물이므로 무단 전재와 무단 복제를 금합니다.
* 페스트북은 작가중심주의를 고수합니다. 누구나 인생의 새로운 챕터를 쓰도록 돕습니다.
  creative@festbook.co.kr로 자신만의 목소리를 보내주세요.